## SONDERSCHRIFT DES IFO-INSTITUTS FÜR WIRTSCHAFTSFORSCHUNG

### NR. 20

IFO-INSTITUT FÜR WIRTSCHAFTSFORSCHUNG

# Probleme der Energiewirtschaft

Von
Herbert F. Mueller

DUNCKER & HUMBLOT / BERLIN-MÜNCHEN

Alle Rechte vorbehalten
© 1956 Duncker & Humblot, Berlin
Gedruckt 1956 bei Berliner Buchdruckerei Union GmbH., Berlin SW 29

*Auf der Mitgliederversammlung des Ifo-Instituts für Wirtschaftsforschung e. V. am 6. Juni 1956 hielt Herr Prof. Dr.-Ing. Herbert F. Mueller, Karlsruhe, einen Vortrag über die Probleme der Energiewirtschaft, den wir hiermit unseren Lesern unterbreiten.*

Über die Probleme der Energiewirtschaft in einer dreiviertel Stunde etwas zu sagen, was an den Kern der Dinge heranführt, wird nicht leicht sein. Ich will versuchen, durch eine kurze Analyse der allgemein bekannten Probleme auf die Kernprobleme zuzukommen.

Dazu müssen wir uns zunächst darüber klar sein, wovon die Rede sein soll. Ich begegne immer wieder der Verwechslung von Energiewirtschaft und Elektrizitätswirtschaft. Es handelt sich bei unseren Ausführungen nicht um die besonderen Probleme der Elektrizitätsversorgung, sondern es handelt sich um denjenigen Teil der Wirtschaft, der der Deckung des Energiebedarfs dient. Die Deckung des Energiebedarfs ist immer mit mindestens zwei Kaufakten verbunden. Es muß ein langlebiges Gut erworben sein, nämlich ein sogenannter Energiewandler, ein Energiegerät (ein Ofen, eine Maschine, eine Lampe); und es muß das kurzlebige Gut dazu erworben werden, das wir den Energieträger nennen. Das ist die Kohle, das Gas, das Öl, die elektrische Energie. Um diese Energieträger handelt es sich in der Regel, wenn man von den großen Problemen der Energiewirtschaft spricht; aber wir werden sehen, daß sie nur einen Teil umfassen.

Das meist erörterte Problem ist die heute allenthalben in Erscheinung tretende *Energiebedarfssteigerung und die Verknappung* der Energieträger. Hierüber werden in der öffentlichen Diskussion sehr viel verworrene und verwirrende Dinge gesagt, so z. B. über die Vorräte an Energieträgern. Manche, sogar prominente Redner lassen in der Öffentlichkeit vernehmen, daß die Vorräte vielleicht noch ein oder zwei Generationen vorhalten werden. Andere sind ein bißchen großzügiger. Nun, die Kohlenvorräte der Erde betragen über das Tausendfache der derzeitigen Jahresproduktion der Welt, die Öl- und Gasvorräte über das Hundertfache, und es besteht kein Zweifel, daß, wenn hier eine Verknappung eintreten würde, man Möglichkeiten hätte, Erdöl aus Kohle zu gewinnen, sofern die noch gar nicht gerechneten ölhaltigen Sande sich als nicht als produktiv erweisen sollten. Dazu kommt noch ein jährlicher Anfall an Holz und vegetativen Brennstoffen sowie an Wasserkräften — die letzteren nur mit anderthalb Prozent vom Ganzen —, aber Holz- und Wasserkräfte zusammen machen immerhin etwa 25 vH der Förderung der fossilen Brennstoffe jährlich aus, so daß man beinahe sagen könnte: Wozu der ganze Lärm?

Nun kommt aber das Problem der Bedarfszunahme! Die Zunahme des Bedarfs an Energieträgern auf der Erde betrug in den letzten Jahren durchschnittlich 4,5 % progressiv, also jedes Jahr 4,5 % mehr als im Vorjahr. In der Öffentlichkeit wird viel davon gesprochen, daß man im weiteren Verlauf eine Verdoppelung innerhalb von 10 Jahren, d. h. eine progressive Zunahme von etwa 7,2 % erwartet. Das ist wiederum eine Verwechslung mit dem Strom. Der Elektrizitätsbedarf weist allerdings in Westeuropa eine mindestens 7,2%ige Steigerung in den letzten 5 bis 10 Jahren auf. Auf der ganzen Welt rechnet man mit einer Verdoppelung innerhalb von 10 Jahren. Aber Elektrizität ist an der Inanspruchnahme der Primärenergieträger nur mit etwa 10 % beteiligt. Allerdings machen auch das Mineralöl und das Erdgas eine ziemlich stürmische Aufwärtsentwicklung durch, zusammen gehen diese aber mit nur etwa 35 % in die Jahresproduktion an primären Energieträgern ein, so daß eine Steigerung aller zusammen, also von Strom, Öl und Erdgas, um 10 % im Jahr ungefähr auf diese jährliche 4,5 %ige Erhöhung der Gesamtnachfrage nach Energieträgern hinführen würde.

Bei einem Blick in die Zukunft wird sehr häufig, wenn man nicht diesem Fehler, mit einer Verdoppelung in 10 Jahren zu rechnen, unterliegt, der amerikanische Autor Palmer Putnam zitiert, der von einer progressiven Steigerung von 3—5 % pro Jahr spricht, wobei er darauf hinweist, daß die Bevölkerung der Erde sich um 1 % pro Jahr progressiv vermehrt. Die Folgen einer solchen Entwicklung wären tatsächlich katastrophal, nicht so sehr wegen der Energievorräte, sondern vielmehr wegen der Problematik einer ausreichenden jährlichen Förderung. Wenn wir nur eine progressive Steigerung von jährlich 2 % annehmen — ich will später sagen, warum 2 %, d. h. 1 % wegen der Bevölkerungszunahme und nur 1 % wegen der spezifischen Steigerung des Sozialprodukts, also des Lebensstandards —, dann würde die ganze heutige Weltkohlenproduktion in 25 Jahren ausschließlich dazu verwendet werden müssen, die Elektrizitätsmengen zu erzeugen, die der erwarteten Steigerung der Nachfrage entsprechen. Dabei wird in Rechnung gestellt, daß 40 % der Stromerzeugung nicht aus Verbrennung stammen und daß die Stromerzeugung alle zehn Jahre um 20 % weniger Brennstoffe in Anspruch nehmen wird als am Anfang dieser 10 Jahre. Die deutsche Steinkohlenindustrie hat erst in jüngster Zeit wieder betont, daß sie in der Lage wäre, innerhalb von 20 Jahren die deutsche Steinkohlenproduktion um 40—50 % zu steigern. Aber bei den in Aussicht genommenen 2 %/o jährlicher progressiver Steigerung des Energieträgerbedarfs würde innerhalb von 25 Jahren eine Steigerung der Weltkohlenproduktion um 75 %/o notwendig sein. Und da ergeben sich doch sehr starke Zweifel, ob auch nur dieses Ziel erreicht werden kann. Es handelt sich also — wie ich nochmals betonen möchte — bei dem ganzen Problem der Verknappung bis auf weiteres nicht um ein Vorratsproblem; es handelt sich vielmehr um ein Förder- und um ein Produktionsproblem der Energieträger.

Das zweite große Problem, das in der Öffentlichkeit zum Schlagwort geworden ist, heißt *„Atomenergie"*. Daß die Möglichkeit, aus der Kernspaltung Energie zu gewinnen, in der derzeitigen Situation ein Geschenk des Himmels ist, das keineswegs schon mit der Entdeckung der Kernspaltung durch Hahn und Straßmann 1938 gegeben war, sondern das erst durch die Entwicklung des Brutprozesses seit 1951 in den Bereich wirtschaftlicher Möglichkeiten getreten zu sein scheint, das steht ganz außer Zweifel! Wir können dem Schicksal gar nicht dankbar genug sein, daß uns dieses Geschenk in die Hand gegeben ist, mit dem wir zweifellos wesentliche Probleme der künftigen Energiewirtschaft werden meistern können. Aber erstens nicht früher als nach Ablauf von mindestens 10, wahrscheinlich 20 Jahren; zweitens wird auch dann die Atomenergie nicht ein Ersatz für die Brennstoffe sein, sondern sie wird vor allem in der Stromerzeugung an deren Seite treten. Es wird noch geraume Zeit dauern, wenn wir überhaupt von der weiteren Entwicklung sprechen wollen, bis die Inanspruchnahme fester Brennstoffe für die Elektrizitätsversorgung rückläufig sein wird.

Das dritte, womit ich einige Hörer enttäuschen muß, ist die Frage der Verbilligung der Energie, der Senkung des Energiepreisniveaus. Davon ist nach heutigem Ermessen gar keine Rede. Wenn überhaupt, so wird es sich um eine Verbilligung der Stromerzeugung handeln, denn die Atomenergieverwertung kann zur Zeit und bis auf weiteres fast ausschließlich nur als ein Mittel zur Stromerzeugung betrachtet werden. Gegenwärtig ist noch in keinem Fall nachgewiesen, daß die Stromerzeugung aus Atomenergie in absehbarer Zeit billiger sein wird als die aus Kohle oder Wasserkraft, vergleichbare Verhältnisse vorausgesetzt. Wenn aber eine Verbilligung der Stromkosten eintreten sollte, so nur für die Erzeugung; die für die allgemeinen Strompreise maßgebenden Verteilungskosten bleiben unverändert, und etwaige Produktionskosten-Senkungen würden restlos aufgefressen werden durch zunehmende Verteilungskosten, wenn man etwa versuchen würde, mit Hilfe von Elektrowärme den normalen Bedarf an Wärme zu decken.

Eine weitere Enttäuschung für viele, besonders für viele Kommunalpolitiker: Die Atomenergie ist zwar standortmäßig unabhängig von den Rohstoffen, aber sie ist erstens keineswegs unabhängig von der Lage, insbesondere in bezug auf Wasser. Der Wasserbedarf der Atomkraftwerke ist nach heutigem Ermessen mindestens so groß wie der der sog. konventionellen thermischen Kraftwerke, und dieser ist ziemlich erheblich. Zweitens sind Atomkraftwerke nach heutigem Ermessen nur zu denken als größte Grundlastwerke. Atomkraftwerke dürften also bis auf weiteres nur im Rahmen der Verbundwirtschaft eingesetzt werden, weil sie wirtschaftlich nur bei sehr hoher Benutzungsdauer, also mit sehr hohem Ausnutzungsfaktor betrieben werden können. Die Größenordnung, von der man in Amerika für eine rationelle Stromerzeugung spricht, liegt bei 750 bis 1000 MW elektrischer Leistung pro Erzeugungseinheit. Das ist mehr als das Zehnfache der Leistung des ganzen Walchenseewerks und bedeutet eine Verdrei- bis Vervierfachung der größten bisher konstruierten Einheiten. Wir stehen also vor Aufgaben, von denen wir heute noch ziemlich weit entfernt sind. Von einer wirtschaftlichen Atomenergieversorgung kann jedenfalls für kleinere Versorgungsgebiete keine Rede sein.

Es bleibt nach alledem nun aber die Problematik für allen Energiebedarf, der nicht durch Elektrizität befriedigt werden kann — und das sind über 80 % der heutigen Primärproduktion! Diese Unsicherheit, in der wir insoweit nach wie vor leben, hat den Prognostizierungseifer ausgelöst, der in den letzten Jahren so viel von sich reden macht. Wie kommen aber vernünftige Prognosen zustande? Man stellt zunächst eine *Energiebilanz* auf, d. h. man versucht, darüber klar zu werden, was an Primärenergie produziert und was damit geschehen ist. Mit anderen Worten: wie deckt sich die Primärenergie mit dem Bedarf? Zweitens muß man versuchen, herauszubekommen, welches die Entwicklungstendenzen des Bedarfs sind. Damit aber sind wir bei dem Kernproblem. Der Öffentlichkeit ist es im allgemeinen nicht bekannt. Es beruht auf einer Eigenart der Energiewirtschaft, die daraus hervorgeht, was ich eingangs über die Bedarfsdeckung gesagt habe — daß nämlich auf zwei völlig verschiedenen Märkten zwei völlig verschiedene Arten von Gütern erworben werden müssen, wenn Energiebedarf gedeckt werden soll. Diese Eigenart hat zur Folge, daß unser eigentlicher Bedarf gar nicht direkt auf dem Markt gedeckt werden kann, denn er ist ein Bedarf nicht an Energieträgern, sondern an Nutzenergien, wie wir diejenigen Energieformen nennen, von denen wir im privaten Leben wie in Produktion und Verkehr Gebrauch machen. Diese Nutzenergien sind das Licht, der Schall, die mechanische Energie (oder wie wir meist sagen: die Kraft), die Wärme und der Strombedarf der Elektrochemie und der Elektrometallurgie. Hier ist also Elektrizität selbst Nutzenergie; in allen anderen Fällen ist elektrischer Strom ein

Energieträger wie Gas und Kohle. Über den Bedarf an Nutzenergie aber gibt es keine Statistik. Was wir wissen müssen, ist:
1. wie groß ist dieser Bedarf an Nutzenergien?
2. welche Tendenzen herrschen in der Bedarfsentwicklung vor, und
3. welche Rückwirkungen werden von der Bedarfsentwicklung ausgehen auf die Primärbilanz, auf Gewinnung und Verwendung der Primärenergieträger?

Lassen Sie mich kurz die vier wichtigsten Nutzenergieformen und ihre Tendenzen durchsprechen. Da ist zunächst das *Licht*. Was wir an Energieeinheiten in Form von Licht konsumieren, ist nur ein halbes Promille des gesamten Konsums an Nutzenergien, d. h., wenn man den Verbrauch an Licht, Kraft und Wärme zusammenzählt, so ist ein halbes Promille davon Licht. Dieses halbe Promille am Gesamt-Nutzenergiebedarf benötigt immerhin 15 % des Stromverbrauchs, aber diese 15 % vom Stromverbrauch binden nur 1,5 % vom Energieinhalt der Primärenergieträger. Es ist gar kein Zweifel, da wir normalerweise mit künstlicher Beleuchtung bisher auch nicht annähernd die Intensität des Tageslichtes erreicht haben, daß der Lichtbedarf steigen wird — meiner Meinung nach unabhängig von Konjunkturen, unabhängig fast auch von der individuellen Kaufkraft. Die Zunahme des Lichtbedarfs wird sich als ein vitaler Bedarf durchsetzen. Aber es wird sich dabei auch der Wirkungsgrad der Beleuchtung, d. h. der Lichterzeugung wesentlich verbessern. Von den 3—5 %, an die wir bei der Glühlampe gewöhnt sind, werden wir mindestens zu den 13—15 % kommen, die in der Leuchtstofflampe heute schon gegeben sind. Weitere Verbesserungen stehen durchaus im Bereich der Möglichkeiten. Es besteht also kein Anlaß, aus dem steigenden Lichtbedarf zu schließen, daß der Primärenergiebedarf in absehbarer Zeit spezifisch, d. h. pro Kopf der Bevölkerung, steigen wird.

Zweitens: *Elektrochemie-Elektrometallurgie*.

Über deren Entwicklung wissen wir heute noch viel zu wenig. Wir stecken ganz in den Anfängen. Etwa 10 % der deutschen Stromerzeugung werden in die Elektrochemie und in die Elektrometallurgie eingeleitet; ich nehme an, daß dieser Satz auch für den Weltdurchschnitt ungefähr richtig sein wird. Das sind etwa 1 % von den Primärenergieträgern. Die Elektrochemie und -metallurgie tendiert absolut nach den billigen Wasserkräften, und da sind noch einige auf der Welt, die noch nicht erschlossen sind; es wird sich also vermutlich auch hier nicht um ein revolutionierendes Problem in bezug auf die Quantitäten handeln, aber um ein sehr interessantes Wertproblem: Wenn wir mehr und mehr übergehen zur Verwendung von **Preßstoffen** und Metalle durch Preßstoffe ersetzen, so wird der Koksmarkt entlastet und die Nachfrage nach Strom erhöht. Quantitativ kann man über die endgültige Bilanz noch nichts sagen. Aber Strom ist die höchstwertige Form der Energie, ein kostbarer Energieträger, Koks gehört zu den billigen. Hier wird also eine sehr interessante Wertverschiebung stattfinden.

Das dritte Gebiet und damit das erste Gebiet von entscheidender quantitativer Bedeutung ist der Bedarf an mechanischer Energie oder an *Kraft*.

Vom gesamten Nutzenergiebedarf sind etwa 15 % Kraftbedarf. Er nimmt etwa 30 % der Energieträgerproduktion in Anspruch. Nun müssen wir wieder sehr unterscheiden: Über die Hälfte des Kraftbedarfs, wie ihn derartige Globalstatistiken ausweisen, entfällt auf den Verkehr. Ich bezweifle nicht, daß das Bedürfnis an Verkehr steigen wird, daß also auch der Bedarf an Kraft für den Verkehr zunächst steigen wird. Aber er hat immerhin seine Grenzen! Man sieht das z. B. in USA, wo beinahe schon jeder Kinderwagen motorisiert ist. Darüber hinaus geht es doch nicht. Erst recht geht es dort nicht so weiter mit einer Zunahme des Brennstoffverbrauchs, da eine Verbesserung des Motorenwirkungsgrades durchaus möglich ist. Sie wissen, daß der Wirkungsgrad des europäischen Motors wesentlich höher liegt als der des amerikanischen. Noch einschneidender wird sein, daß die Eisenbahnen von einem Gesamtnutzungsgrad in der Größenordnung von weniger als 5 % bei Kohlebetrieb allmählich zu Diesel und zu Elektrizität übergehen, und daß hier eine solche Verbesserung in der Ausnutzung der primären Energieträger zu erwarten ist, daß ich auch vom Verkehr sagen muß: ich glaube auf längere Sicht nicht an eine spezifische, kaum an eine absolute Steigerung des Gesamtbedarfs an Primärenergie durch die Zunahme des Verkehrs.

Fast 50 % des Kraftbedarfs entfallen auf die Produktion. Hier nun ist Kraftbedarf gleichbedeutend mit Mechanisierung, mit Rationalisierung, soweit damit Entsatz von Arbeitskräften durch Maschinen oder eine Erweiterung der Auswirkung der Arbeitskraft des Menschen durch Maschinen verbunden ist. Die Mechanisierung wird mit Sicherheit zunehmen, und zwar auf der ganzen Welt. Es ist also zu erwarten, daß der Kraftbedarf innerhalb der Produktion steigen wird. Auf die industrielle und gewerbliche Produktion entfallen dabei etwa 4 % des Nutzenergieverbrauchs, sie beanspruchen 55—60 % der Stromerzeugung, etwa 6 % der Primärenergie. Eine Verdoppelung dieses Strombedarfs würde also eine Erhöhung des Gesamtstrombedarfs um 55 bis 60 %, des Bedarfs an Primärenergieträgern um 6 % bedeuten, wobei ich ganz dahingestellt lasse, wann diese Verdoppelung eintreten wird. Das ist zweifellos nicht erschütternd. Man weist bei der Frage, wie diese Entwicklung weitergehen wird, gern auf die USA hin, indem man vergleicht, wie hoch der Pro-Kopf-Verbrauch an Kilowattstunden pro Arbeiter drüben und hier oder in anderen Ländern ist. Vorausgesetzt, daß es sich hier um echte Vergleiche von Kraft mit Kraft handelt — was schon sehr zweifelhaft ist —, so ist zu bedenken, daß jede Rationalisierung nach einer Steigerung des Verhältnisses von Ertrag zu Aufwand strebt. In einem Land, wo die Löhne hoch sind und die Strompreise niedrig, ist ein steiler Anstieg der Mechanisierung selbstverständlich. In einem Land, das wie die Bundesrepublik vergleichsweise niedrigere Löhne und teureren Strom hat, muß die Entwicklung flacher verlaufen. Ein Vergleich des spezifischen Kraftbedarfs in der Bundesrepublik — und dasselbe gilt mit gewisser Übertragung für Westeuropa — mit dem amerikanischen kann also nicht sinnvoll sein, solange die Strukturen dieser Länder so verschieden sind, insbesondere also die Energiepreise auf der einen und das Niveau der Löhne auf der anderen Seite. Dazu kommt noch der Kapitalzins. Er wirkt in derselben Richtung wie der Strompreis. Hoher Kapitalzins bedeutet, daß die für die Rationalisierung erforderlichen Investierungen teurer sind als in einem Land mit niedrigem Kapitalzins. Da die USA außer niedrigeren Strompreisen auch billigeres Kapital haben als die Bundesrepublik, wirkt beides dahin, daß ein Vergleich nur mit größter Vorsicht gezogen werden kann. Es geht daraus hervor, daß der Pro-Kopf-Verbrauch an elektrischer Arbeit gar kein Kriterium zu sein braucht. Auch das Strompreisniveau braucht kein Kriterium zu sein für den Rationalisierungsgrad und für die Produktivität einer Wirtschaft*.

Die vierte und wichtigste Nutzenergieart ist die *Wärme*. Von allem Nutzenergieverbrauch entfallen 85 % auf die Wärme; vom Stromverbrauch werden 15—20 %, von den Primärenergien knapp 70 % für die Wärme in Anspruch genommen. Wieder müssen wir zwei Hauptgebiete unterscheiden, die ganz unterschiedliche Entwicklungstendenzen zeigen. (Genau genommen gibt es Dutzende von Anwendungsgebieten der Wärme mit völlig verschiedenen Entwicklungstendenzen.) Das eine ist die Heizung, die mit etwa 40 % am Gesamtwärmeverbrauch beteiligt ist und von der ich annehme, daß der Bedarf daran steigende Tendenz hat. In der Bundesrepublik bezieht eine sog. Normalfamilie nicht mehr Brennstoffe als erforderlich ist, um einen Wohnraum von etwa 20 qm Grundfläche während der ganzen Heizperiode gleichmäßig auf 20 Grad

---

* Eine interessante Frage ergibt sich aus der Vollbeschäftigung. Tritt ein echter Engpaß auf, ohne daß die Löhne, der Mangellage entsprechend, steigen und dadurch die europäischen Verhältnisse den amerikanischen angeglichen werden, so scheint es mir, daß Rationalisierungsmaßnahmen, die mit erhöhtem Kapitalaufwand und erhöhtem Energieeinsatz verbunden sind, nur sinnvoll sein können, wenn die erzielte Steigerung der Produktivität auch zu einer gut absetzbaren erhöhten Produktion führt. Dies ist keinesfalls selbstverständlich, sondern würde vom Niveau der Weltmarktpreise her bestimmt.

zu halten. Das ist so wenig, daß man von einer Unterdeckung des Heizungsbedarfs sprechen muß. Dazu kommt der noch kaum gesättigte Büro- und Werkstattbedarf. Auch hier werden wir aber bessere Wirkungsgrade bekommen. Der besagte durchschnittlich beheizte Wohnraum ist ja häufig wirklich eine Art Wohnküche mit einem sicher nicht sehr wirtschaftlichen Kochherd. Bessere Wirkungsgrade können gerade hier erreichen, daß eine bessere Versorgung mit Heizung ohne Steigerung des Brennstoffverbrauchs erzielt wird. Nebenbei gesagt, auch in den USA wird der spezifische Heizmittelbedarf nicht mehr stark ansteigen können. Wer drüben gewesen ist, der weiß, daß die Leute im Winter in überheizten Räumen sitzen, die Röcke ausziehen und die Fenster aufreißen. Auf diese und ähnliche Tatsachen von Energieverschwendung komme ich gleich zurück.

Die restlichen rund 60 % des Nutzwärmeverbrauchs gehen wieder in die Produktion. Da ist das Gebiet, für das man sich von der Energiewirtschaft her am meisten interessiert. Denn mit zunehmender Steigerung des Lebensstandards wird eine Steigerung der industriellen Produktion verbunden sein; und ihr Wärmebedarf nimmt über 50 % des Nutzenergieverbrauchs und 40 % der Primärproduktion in Anspruch. Natürlich weiß niemand, wie die technologische Entwicklung auf den künftigen Wärmebedarf einwirken wird; bei Erwähnung der Elektrometallurgie und der Preßstoffe habe ich ein Beispiel für die zu gewärtigenden Möglichkeiten gegeben. Aber davon abgesehen bin ich der Meinung, daß kein Anlaß besteht, sensationelle Steigerungen des quantitativen Energieverbrauchs zu befürchten. Denn der spezifische Wärmeverbrauch pro Tonne Produkt ist rückläufig und wird es bis auf weiteres bleiben. Man spricht in diesem Zusammenhang meist auch von einer Verbesserung der Wirkungsgrade. Gewiß ist eine solche ständig im Gange, genau wie bei der Beleuchtung und bei der Heizung. Aber das Entscheidende liegt nicht in den Wirkungsgraden. Sie stehen für die meisten Energieumwandlungen einigermaßen fest und lassen sich vielfach kaum noch wesentlich verbessern. Das Entscheidende liegt vielmehr darin, wie man mit den Energien umgeht. Dafür erlauben Sie mir ein plausibles Beispiel. Nehmen Sie bitte den Küchenherd und vergleichen Sie einen alten Kohleherd mit einem modernen oder mit einem Gas- oder Elektroherd. Sie werden dann ohne weiteres verstehen, was gemeint ist, wenn man sagt, daß die Wirkungsgrade der hochentwickelten Herde besser sind als die der alten. Wenn nun die Hausfrau die Kartoffeln aufs Feuer oder auf die elektrische Kochplatte setzt, diese Kartoffeln bis obenhin mit Wasser bedeckt und nun tüchtig heizt, bis das Wasser kocht, wenn sie das dann zwanzig Minuten lang tut und schließlich das ganze heiße Wasser wegschüttet, dann ist das Verschwendung von Nutzenergie. Dann hat sie „nutzlose Nutzenergie" erzeugt. Das kann sie vermeiden, wenn sie nach modernen Gesichtspunkten vorgeht, die jeder guten Hausfrau geläufig sind. Sie tut dann nur 2—3 cm Wasser in den Topf, setzt einen Deckel darauf und erhitzt nur diese 2—3 cm Wasser mit den Kartoffeln. Das geht wesentlich schneller und ist viel sparsamer. Außerdem soll es den Vitaminen besser bekommen. Das ist ein Beispiel für vermeidbare Verluste von „nutzloser Nutzenergie", wie sie in der ganzen Wirtschaft auf Schritt und Tritt anzutreffen sind. Sie treten z. B. auch auf, wenn Öfen nicht richtig ausgenutzt werden, also etwa der Bäcker in einen Ofen, der für 100 Brote gebaut ist, nur 60 einschiebt. Mit dem Kraftverbrauch ist es genau so. Wir haben in vielen Betriebsuntersuchungen festgestellt, daß dadurch, daß der Arbeiter mit einem zu schwachen Span herangeht, die Bearbeitung viel zu lange dauert. Würde er den Span kräftiger wählen, so würde er (wegen gleichbleibender Reibungsverluste der Maschine) für dieselbe Arbeit wesentlich weniger Energie verbrauchen bei kürzerer Arbeitszeit.

Ich sehe in diesem Problem, Nutzenergie wirklich zu nutzen und nicht nutzlos zu verschwenden, eine entscheidende Aufgabe für unsere energiewirtschaftliche Situation und die große Chance der Energiewirtschaft. Denn nach meiner sicheren Überzeugung liegt der Gesamtwirkungsgrad der Energiewirtschaft nicht höher als bei 20, allenfalls 30 %. 70—80 % sind Verlust! Darum ist die Frage nach dem effektiven Nutzenergiebedarf, der Vermeidung von Verlusten und der bestmöglichen Ausnutzung der Apparaturen und Motoren eines der brennendsten Probleme, um die es sich für die Zukunft handelt. Die Lösung des Problems liegt in der Regelung, in der sog. Dosierung der Energiezufuhr beispielsweise durch temperaturgesteuerte Geräte, wie man sie schon im Haushalt kennt — ich erinnere an Bügeleisen, Bratröhren usw. —, ferner in besserer Ausnutzung von Öfen, Motoren usw. Hier liegt aber auch die Klippe, an der die Energiebilanzen scheitern müssen. Um den letzten, entscheidenden Schritt zu tun, nämlich um vom Rohenergieverbrauch zum Nutzenergieverbrauch zu gelangen, berechnet man diesen auf Grund von Wirkungsgradangaben der Fabrikanten. Alle maßgebenden Autoren wissen, daß dieses Verfahren höchst fragwürdig ist. In der Praxis sind die Verluste wesentlich größer, als die angegegebenen Wirkungsgrade erwarten lassen. Die Ermittlung des Nutzenergieverbrauchs, die sog. dritte Stufe der Energiebilanz, ist deshalb noch ungelöst und vom grünen Tisch so wenig zu lösen wie mit Hilfe der Statistik. Aber aus meinen Darlegungen ergibt sich noch eine vierte Stufe der energiewirtschaftlichen Untersuchung, die entscheidende Stufe, die von der Gegenwart in die Zukunft führt. Es handelt sich um die Frage nach dem effektiven Bedarf an Nutzenergie. Das heißt, das uns für die Beurteilung der Entwicklungstendenzen nicht damit gedient ist, zu wissen, wieviel Nutzenergie tatsächlich verbraucht wurde, sondern wir müssen auch wissen, wieviel davon nutzlos erzeugt und verbraucht wurde, mit welchen Verbesserungen der Bilanz also in Zukunft zu rechnen ist.

Maßgebend für diese Verbesserung ist die fortschreitende Veredelung der Energieverwendung. Sie kann in der Energieumwandlung liegen — also in der Wahl eines besseren Herdes, einer besseren Lampe, eines temperaturgesteuerten Ofens. Sie kann aber auch in der Wahl der Rohenergie liegen, d. h. wo bisher mit Kohle gearbeitet wurde, wird nun mit Gas oder mit elektrischem Strom gearbeitet, damit die Dosierung so exakt wie möglich erfolgt. Die Wirkungen der Veredelung sind jedenfalls höchst einschneidend. Der spezifische Energieverbrauch, der Aufwand an Nutzenergie und vermutlich auch an Primärenergie je Kopf der Bevölkerung wird vermutlich nicht steigen. Ich sehe keinen Grund, warum er bei gleichbleibenden Produktionsmethoden ansteigen sollte. Das, was an Licht-, Kraft- und Wärmebedarf zusätzlich anfällt, kann und wird kompensiert werden durch die Möglichkeit, bessere Wirkungsgrade zu erzielen und mit der Nutzenergie, vor allem der Wärme, sparsamer umzugehen. Aber das muß erkauft werden durch einen höheren Aufwand, sowohl für die veredelten kurzlebigen Energieträger als auch durch höhere langfristige Investitionen. Indessen kann man nur unter diesen Voraussetzungen damit rechnen — wie ich es eingangs getan habe —, daß der Bedarf an Primärenergie jährlich nicht um 4 bis 5, sondern nur um 2 % anzusteigen braucht.

Darf ich das Ergebnis des bisher Gesagten noch einmal kurz zusammenfassen:

*Erstens:* Der spezifische Verbrauch an Primärenergieträgern dürfte kaum ansteigen. Es wird die Bevölkerung steigen, es wird der Lebensstandard und um so mehr das Sozialprodukt steigen, aber nach meiner Meinung nicht der spezifische Energieverbrauch. Ich kann mich irren, ich will nicht prognostizieren; aber ich glaube auf längere Sicht, daß mit einer absoluten Steigerung des Verbrauchs an Energieträgern um jährlich je 1 % für Bevölkerungszuwachs und für erhöhten Lebensstandard auszukommen ist.

*Zweitens:* Der Gesamtbedarf ist steigend um diese 2 %; auch die Produktionskosten werden steigen. Wir müssen in immer größere Teufen kommen, um die Kohle zu gewinnen. Wir müssen immer tiefere

Bohrungen haben, um an Öl zu gelangen. Und die Atomenergie scheint uns in den nächsten 10—20 Jahren in keiner Weise spürbar zu helfen. Es wächst neben den Produktionskosten die Verknappung. Folge: die Preise müssen steigen. Weit entfernt also, Ihnen die geringste Illusion zu machen, daß das Energiepreisniveau sinken wird, muß ich Sie sogar darum bitten, verstehen und nicht hindern zu wollen, daß eine natürliche Energiepreissteigerung Platz greift.

Ich möchte sogleich drei Schlußfolgerungen anfügen. Die erste muß sein, daß mit allen Mitteln die Produktion an Primärenergieträgern gefördert werden muß. Wir müssen in Deutschland alles tun, um vor allem die Kohleproduktion zu steigern; und wir müssen ihr auch die nötigen Preise zugestehen, damit sie intensiviert werden kann. Es wird ferner alles getan werden müssen, um noch mehr Öl zu fördern. Es muß das noch völlig in den Anfängen liegende, aber für viele unterentwickelte Länder schon aussichtsreiche Gebiet der Sonnenenergieverwertung energisch angepackt werden. Und selbstverständlich müssen wir auch mit allen Mitteln zunächst dahin gelangen, daß wir den Atomenergieprozeß bald und gründlichst auch in Europa und Deutschland beherrschen. Nur bitte ich nochmals, von der Atomenergie keine Wunder zu erwarten.

Für die zweite Schlußfolgerung möchte ich ein Wort von Christian Morgenstern umkehren: daß „nicht sein darf, was nicht sein kann". Wir müssen haushalten, ob wir nun wollen oder nicht, wir dürfen ganz einfach nicht an diese astronomischen Energieverbrauchsziffern herankommen, in die wir in den nächsten hundert Jahren geraten, wenn wir den Putnamschen Steigerungssatz von 5 % unterstellen. Wir dürfen keine „nutzlosen Nutzenergien" mehr erzeugen. Darum müssen wir drittens mit allen Mitteln die Veredelung in der Energieträgerwirtschaft und in der Energie-Anwendung fördern, weil sie eine bessere Nutzung, eine bessere Dosierung ergibt.

Die sich ergebende *dritte* Tendenz lautete, daß die Tendenz zur Veredelung zwangsläufig zu höherem Kapitalaufwand beim Verbraucher führt. In der Kostenrechnung macht sich das nicht nur immer mehr geltend, sondern der Anteil der Energiewandler an den Gesamtkosten der Nutzenergie muß mehr und mehr ausschlaggebend werden. Auch hieran knüpft sich sogleich eine wichtige Schlußfolgerung, nämlich daß es völlig verkehrt wäre, gerade die Energiewirtschaft immerwährend mit politischen Preisen zu beglücken. Die Zeiten sind nun wirklich vorbei, wo das noch etwas ausmachen konnte (viel war es nie). Denn die Hauptkosten liegen künftig gar nicht in den Preisen der Energieträger, sondern in den Investitionen für Energiewandler. Den kleinen

Anreiz, den höhere Kohle-, Öl-, Gas- und Strompreise bieten, mit diesen Energieträgern ein bißchen hauszuhalten, den sollte man dem gutartigen Verbraucher doch lassen!

*Viertens* haben wir gesehen, daß die Entwicklung völlig unterschiedlich verlaufen wird für die verschiedenen Arten von Nutzenergien Licht, Kraft, Wärme, Strom für Elektrochemie. Es stimmt darum nicht, daß der Energieverbrauch pro Kopf der Bevölkerung ein Kriterium für den Technisierungrad ist oder gar ein Kriterium für den Lebensstandard. Es stimmt wohl, daß ein relativ hoher Energieverbrauch für Kraft meist auch auf höhere Mechanisierung schließen läßt, für alles andere aber kann ein hoher spezifischer Energieverbrauch ein Zeichen von Verschwendung und schlecht geführtem Betrieb sein. Kann, braucht nicht. Das hängt auch vom Produktionsverfahren ab. Aber jedenfalls ist bei Vergleichen mehrerer Betriebe miteinander noch lange nicht gesagt, daß der, der den höchsten Energieverbrauch hat, auch der bestrationalisierte ist. Wahrscheinlich sogar ist, sofern es sich nicht um motorischen Energieverbrauch handelt, eher das Gegenteil der Fall. Ganz besonders warnen möchte ich daher vor dem törichten Umrechnen von Energieverbrauchszahlen in „Energiesklaven" oder dgl., wie sie neuerdings in der Literatur und in Festreden herumgeistern. Abgesehen davon, daß man mit tausend aufeinandergetürmten Sklaven noch nicht einmal ein Schnitzel braten kann und deshalb dieser Vergleich, der auf einer Verwechslung von Kraft und Wärme beruht, völlig irreführend ist, kann er eine hohe Stufe der technischen Entwicklung dort vortäuschen, wo maßlos verschwendet wird.

Wir kommen deshalb zu dem Ergebnis, daß, um überhaupt weiter analysieren zu können, man zu spezifischen Verbrauchszahlen gelangen muß. Wir müssen endlich darüber Klarheit haben, welcher Kraftaufwand und welcher Wärmeaufwand von der Produktion je produzierte Einheit benötigt wird. Solche spezifischen Zahlen haben wir noch kaum. Die Forschungsstelle für Energiewirtschaft bemüht sich seit Jahren, sie zu finden. Wir haben noch eine Weile zu tun, ehe wir ein ungefähres Bild des industriellen Energiebedarfs haben werden, aber es zeichnet sich nun doch schon langsam ab.

Lassen Sie mich nun noch abschließend das *volks- und betriebswirtschaftliche Gewicht der Energiewirtschaft* behandeln. Die Kohle, über deren Preissteigerung von 3 Mark gleich ungefähr 5 % erst unlängst so viel Aufregung durch den Blätterwald gegangen ist, ist mit ungefähr 4 % am Bruttosozialprodukt von 1955 beteiligt. Sie werden zugeben, daß eine nicht böswillige Wirtschaft diese Erhöhung der Kohlenpreise, die bei 0,2 % des Sozialproduktes liegt, verkraften kann und nicht weiterzugeben braucht. Im Budget des Haushalts macht die

Kohle nur 2—3 % aus. Natürlich spürt man sie, wenn man den ganzen Heizmittelbedarf auf einmal deckt, statt das über das Jahr zu verteilen. Aber offensichtlich ist doch eine Preissteigerung von 5—10 % bei einem Posten, der 2—3 % vom Haushaltsbudget ausmacht, wirklich harmlos.

Aber wenn man nun die Ausgaben der ganzen Wirtschaft für Kohle, Öl, Gas und Strom, also die Aufwendungen derjenigen, die sie als letzte Verbraucher verwerten (Zwischenproduktion ausgenommen), zusammenzählt, so kommt man etwa auf 11—12 % des Bruttosozialprodukts. Das ist aber noch nicht alles. Die Aufgabe der Energiewirtschaft ist die Energiebedarfsdeckung. Es tritt also wieder das in Erscheinung, was ich gern das „siamesische Zwillingspaar der Energiebedarfsdeckung" nenne: man kann nicht die Kosten der Energieträger betrachten, ohne an die der Energiewandler zu denken! Die Kosten der Nutzenergie müssen wir auch hier als zusammengesetzte Kosten betrachten, nämlich aus Energieträgerkosten und aus Energiewandlerkosten, wobei ich nochmals betone, daß die letzteren immer wichtiger werden. Kein Mensch weiß heute, mit welchen Beträgen sie in die Gesamtrechnung eingehen. Aber ich glaube, daß es vorsichtig gerechnet etwa 5 % des Bruttosozialprodukts sein dürften. Es ergibt sich also ein Gesamtaufwand für die Deckung des Energiebedarfs in Höhe von 15—20 % des Bruttosozialprodukts. Damit übertrifft die Energiebedarfsdeckung als geschlossenes Bedarfsgebiet alle anderen Bedarfsgebiete, auch die Ernährung.

In die Produktion gehen von diesen 15—20 % wahrscheinlich nicht mehr als 10 % ein. Und nun kommt für uns als Forschungsstelle die schon bekannte Kehrseite: nur die Grundindustrien spüren die Energiekosten ernsthaft. Die ganze Fertigungsindustrie spürt sie überhaupt nicht. Das liegt zu einem erheblichen Teil daran, daß man die Kohlekosten, die Elektrizitätskosten usw. einerseits, die Investitions- und die dazugehörigen Bedienungskosten andererseits auf ganz verschiedenen Konten verbucht. Darum hat man in einem Großteil der Industrie kein Gefühl dafür, daß die Ausgaben für Kohle, Gas, Öl und Strom mitsamt den Aufwendungen für Anlage und Betrieb der Motoren, Lampen, Öfen usw. zusammengehören, und darum weiß man nicht, in welchem Maße diese Kosten zu Buche schlagen. Wir haben z. B. in einem großen Gerbereibetrieb nachgewiesen, daß er leicht 1200 t Kohle im Jahr sparen kann — bei 100 DM pro Tonne ein ganz hübscher Betrag —, dem nur ein geringfügiger Mehraufwand für die Anlage gegenüberstand. Ein anderer Betrieb spart mit einem *einmaligen* Aufwand von 40 000 DM *jährlich* 40 000 DM. Es ist dabei nicht wichtig, wieviel Prozent der Gesamtkosten das sind. Jede Ersparnis ist willkommen, und sie ist für uns alle höchst wichtig angesichts der fortschreitenden Energieverknappung. Wir haben Gasöfen gefunden, von denen der Fabrikant meinte, sie haben einen Wirkungsgrad von 50—60 %. Im Betrieb wurden keine 10 % erreicht. Von anderen Beispielen habe ich schon gesprochen. Aber das Bedauerliche ist, daß diese schlechte Energiebilanz nicht bemerkt wird, eben weil die Gesamtkosten gar nicht empfunden werden. Wenn Sie einen Maschinenfabrikanten fragen, wie hoch seine Energiekosten sind, so wird er sagen: etwa 1—2 %. Damit meint er die Stromkosten. Seine gesamten Nutzenergiekosten sind sicher drei- bis viermal so hoch.

So ist für die Mehrzahl der Fabrikanten leider das Problem der Rationalisierung des Energieverbrauchs uninteressant. Es ist weiterhin deswegen uninteressant, weil natürlich das Kapital dorthin tendiert, wo es die höchste Rendite abwirft. Das aber ist die letzte Stufe der Fertigung, die letzte Verfeinerung von Werkzeugmaschinen und Automaten, nicht aber die Stufe der Energiebedarfsdeckung. Es ist nur logisch, daß dadurch die Verknappung steigen muß und daß wir um so beschleunigter noch größere Kapitalien in die *Produktion* der Energieträger investieren müssen. Je länger diese Sorglosigkeit auf der Verbraucherseite anhält, um so schneller müssen neue Schächte, neue Ölraffinerien, Elektrizitäts- und Gaswerke gebaut werden, und um so mehr Öl und Kohle müssen wir importieren.

Mir scheint deshalb, daß es vernünftiger sei, so wie in England, eine besondere Kreditaktion zu starten. Für Anlagen zur Rationalisierung des Energieverbrauchs müssen verbilligte Kredite gegeben werden. Ich weiß, diese Forderung ist nicht sehr populär in einer Zeit der künstlichen Kreditverknappung und -verteuerung. Aber wir stehen ganz einfach vor der Alternative: Entweder wir fahren fort mit der Energieverschwendung mit allen Konsequenzen, die ich ausgemalt habe, auch in bezug auf hohe Kapitalinvestition in der Energieproduktion, oder wir versuchen, Produzenten wie Hausbesitzer und Haushaltverbraucher durch die sanfte Gewalt verbilligten Kreditangebots dazu zu bewegen, Energie zu sparen. Wenn dabei z. B. schlechte Öfen durch bessere ersetzt werden, so macht sich das sehr häufig wie in meinen oben angeführten Beispielen durch eine Ersparnis an Brennstoff durchaus bezahlt, so daß die Kredite relativ bald abgedeckt werden können und ein unmittelbar spürbarer Nutzen für den Verbraucher herauskommt; in anderen Fällen liegt der Vorteil in einer Arbeitsersparnis oder in einer Verbesserung des Produktes o. dgl.

Es ist allerdings einleuchtend, daß zu dieser Kreditaktion eine intensive Energieberatung auf Grund individueller Untersuchungen hinzukommen muß. Und damit sind wir wieder bei der Forderung angelangt, den effektiven Energiebedarf kennen zu lernen. Wir gelangen durch Untersuchungen, die durch eine solche Kreditaktion ausgelöst werden, endlich zu den so dringend gesuchten spezifischen Energiebedarfsziffern, und wir bekommen dadurch die Möglichkeit, genauere Bilanzen aufzustellen. Die genauen Bilanzen aber führen zu besseren Prognosen und die besseren Prognosen zu einer besseren Disposition über das Kapital, das in eine gesteigerte Energieproduktion eingesetzt werden muß.

Das alles macht verständlich, warum wir als Energieforschungsstelle der Technischen Hochschule Karlsruhe, die wir uns mit der Frage nach dem effektiven Nutzenergiebedarf befassen, eine herzliche Freundschaft und gute Zusammenarbeit mit der Ifo als Forschungsstelle für akute Wirtschaftsfragen nicht nur wünschen, sondern zur Zeit aufzubauen bemüht sind.

Printed by Libri Plureos GmbH
in Hamburg, Germany